DE GODÍNEZ A EMPRENDEDOR

Cómo pasar de Godínez a Emprendedor en 6 pasos, sin sufrimiento, ni recaídas.

Portada ilustrada por: Lizet Valcoli

CAPÍTULO 1. INTRODUCCIÓN

1.1. ¿De qué trata este libro?

Este más que un libro es un programa básico para dejar la vida Godínez y volverte un Emprendedor, este libro lo escribo desde mi experiencia, y te enseño una vía para dejar de ser Godínez, para hacer una transición sin sufrimiento y sorteando los miedos por los que muchos de ustedes no han tomado aún la decisión de emprender, de dar el primer paso.

Para quienes no estén en México y no sepan a qué me refiero con el término Godínez, me refiero a aquel ser que dedica su vida a trabajar para una empresa que no es propia, que en muchos casos le dedican más de sus tiempos de jornada laboral y dejan ahí su vida, su salud y se convierten en una especie de zombies sin alma que solo viven para hacer lo que les dice su jefe, otro Godínez frustrado también pero con poder para hacerles la vida de cuadritos a sus subordinados.

Antes que nada debo de decirte que no vas a encontrar en este libro el absurdo consejo que dan muchos, de que ya, dejes en este momento tu trabajo y te vuelvas un emprendedor.

Este es un libro para hacer una transición que no te haga perder todo lo que tienes, que no te va a dejar sin un peso en tus bolsillos, ni te va hacer querer regresar corriendo a consultar las bolsas de trabajo o a rogarle a tu jefe que te vuelva a contratar, este es un verdadero programa para dejar pasar de Godínez a Emprendedor.

Es un libro para liberarte de los trabajos que te dejarán sin alma, sin dinero en la vejez y sin tiempo ahora para disfrutar lo que ganas, se que en algunos países al menos deja para vivir bien cuándo ya estás jubilado, en otros contextos no tenemos esa suerte y las jubilaciones son realmente un porquería, el caso de todos los mexicanos que entramos a trabajar a un empleo formal a partir de 1997 cuando hicieron cambios a la ley..

Este libro no está hecho para quienes aman la vida Godínez, si existe acaso quien aún lo hace, ni para quienes creen que están seguros en su trabajo aunque esa seguridad sea realmente aparente y pueden correrte en cualquier momento.

De Godínez a Emprendedor es un libro que está hecho para quienes quieren superarse, ganar más de lo que ahora ganan y ganarlo de una mejor forma. Teniendo una vida para poder disfrutarla, pasar tiempo con su familia y tener suficiente para hacer otras actividades, suficiente dinero y suficiente tiempo

De Godínez a Emprendedor es un programa con 6 sencillos pasos para ir realizando de manera pacífica esa transición y no morir en el intento, lo que a muchos les pasa cuando lo intentan sin ninguna guía, así mismo tiene consejos viables para superar todas las trabas posibles, desde las que nos ponemos para no salir de nuestra falsa zona de confort, pasando por la elección de una idea de negocio viable que pueda alternarse con tu trabajo, conseguir todo lo que requieres para hacer un producto mínimo viable, y empezar a vender, consolidar tu negocio y sustituir tu salario por los ingresos de tu emprendimiento hasta que llegue el momento de hacer la transición de Godínez a Emprendedor..

1.2. Mi experiencia

Mi padre era un dirigente de comerciantes, coordinaba un circuito de vendedores ambulantes, los llamados tianguis o mercados sobre ruedas, y mi mamá fue y sigue siendo una trabajadora de gobierno, mis padres se divorciaron cuando yo tenía quince años, con lo que mi madre decidió entrar a un trabajo más. En una universidad pública como asistente, entraba a las 7 de la mañana y salía a las 8 o 9 de la noche entre sus dos trabajos.

Mii mamá siempre fue una especie de Godínez, con algunos beneficios del sector público que para los Godínez de hoy son un sueño y mi padre siempre estuvo vinculado al comercio, tuve ambas influencias y vi los dos panoramas, también viví ambos en carne propia.

A los 17 años empecé en el comercio, aproveché el acceso que tenía a los tianguis donde mi padre era el delegado y puse un puesto de algo que me apasionaba: los comics. Pronto aprendí a hacer compras de mayoreo de productos de alto desplazamiento, a llevar mi control de ingresos y egresos, a acabar con cierta competencia y a hacer alianzas con otros competidores. Pase algunos años con ese negocio, otros tantos con un puesto de ropa y un tiempo con una rosticería. Todos negocios rentables, pero siempre tuve el aliento a la par de mi mamá para terminar la preparatoria y luego la universidad y así lo hice hasta lograr tener ahora una maestría terminada..

Como universitario te enseñan a estudiar para integrarte en un mercado profesional, aunado a eso el impulso de mi mamá para "superarme", mientras hacía la carrera en comunicación hice un diplomado en mercadotecnia, y me preparé para entrar al codiciado mercado laboral, primero como becario, después como encargado regional de una gran compañía cementera, a la par hice mi maestría en mercadotecnia, luego cambié de empresa a una cigarrera en el área de ventas. La verdad es que a pesar de estar ganando buen dinero y tener mucha oportunidades de crecimiento tarde o temprano me aburría de mis cargos y responsabilidades, en algún momento dejaba de ser retador.

Llegó un momento en que decidí dejar el mundo Godínez y dedicarme al sector de la sociedad civil organizada las llamadas ONG´s, muy rápido aprendí que es muy complicado crecer en el ramo y recaudar fondos junto a inmensas organizaciones e intereses, así que ante consejos y presión de amigos, familiares y con ganas de salir con mi novia y recuperar mis ingresos de años anteriores lo más práctico me pareció regresar a la vida Godínez, esos fueron los años en los que tuve mis peores experiencias, una vida Godínez en el sector financiero.

En este nuevo mundo Godínez primero en ventas a Pyme y después en inteligencia de negocios, pasé por todas las trabas de los diferentes departamentos bancarios para poder hacer mejoras en las áreas de trabajo de las que fui miembro, pasé por toda la lenta y anquilosada maquinari bancaria en al menos dos empresas del sector, por algo a lo que llamo mediocrecracia, un amiguismo más arraigado que en otros sectores de la vida asalariada donde veías desfilar a los más mediocres ejecutivos que traían en cuanto podían a otros amigos igual o más mediocres, un lugar lleno de ineficiencias y también experimente mucho tedio. Aprendí todo lo que pude, implemente una gran cantidad de mejoras y nuevamente empecé a sentir el fastidio, lo que me hizo darme cuenta que era un buen momento para cambiar de rumbo.

También entendí que mi generación no tendría los mismos beneficios que tuvieron las anteriores, al menos en el ecosistema mexicano quienes entramos a trabajar con un empleo formal a partir de 1997 ya no tendremos una jubilación, entonces ¿Por qué seguimos empeñados en ser Godínez?.

Más allá de una cuestión generacional fui haciéndome consciente de que a través del tiempo los logros que tuve y seguía teniendo en los lugares en los que trabajé no eran míos, muchas veces ni me los agradecieron, otras tantas veces los que eran mis jefes trataron de robarlos aunque cuando querían explicar cómo llegaron a mis soluciones generalmente sólo causaron vergüenzas, no es que trate de ponerme como genio, simplemente como no lo hicieron ellos y no sabían cómo llegué a la solución que presentaron no tuvieron ni idea de como explicarlo adecuadamente.

Muy seguramente nunca me pagaron el valor adecuado por lo que hice y siempre seguían pidiendo más, más trabajo, más tiempo, y todo lo que hice tampoco fue en beneficio de la sociedad, no era para mi familia, ni para dejar un legado o hacer un cambio, ni siquiera me dejaba suficiente dinero para vivir como me gustaba, o el tiempo adecuado para pasar suficientes momentos felices con la gente que quiero.

Entonces lo que es seguro es que algo estaba haciendo mal, más de 14 años de mi vida dedicados a otros, y no en el buen sentido, y esta reflexión tampoco implica una situación trascendental del tipo de historias en la que terminé volviéndome un hippie o un monje budista, todo lo contrario mi primera impresión al respecto y que he realizado ya, es que tenía que seguir un objetivo muy simple y de corto plazo para empezar a mejorar mi vida: pasar de ser un Godínez a Emprendedor.

Hacer la transición de Godínez a Emprendedor la logré en menos de un año y he ido perfeccionando la forma en que comienzo nuevos emprendimientos. Cuatro años después de la fundación de la primera empresa que creé en conjunto con mi pareja, que ahora es mi esposa hemos diversificado y ya tenemos 4 empresas funcionando y otras dos por ser lanzadas, hemos apoyado a otros tres amigos a dejar de ser Godínez y a lanzar exitosamente sus propios emprendimientos y seguir su pasión, viviendo para la gente que les importa y teniendo suficiente tiempo para disfrutarlos..

Con el paso de esos cuatro años y esos emprendimientos exitosos he detectado una serie de pasos que funcionan para dejar de ser godínez y convertirse en un emprendedor, y considero que vale la pena compartirlos para que otros puedan hacerlo y disfrutarlo tanto como yo.

Así que empecemos por lo más difícil: quitarse el miedo, y de ahí seguiremos por lo más fácil: montar tu negocio y comenzar a ganar dinero haciendo lo que te gusta.

CAPÍTULO 2. VENCER EL MIEDO

Podría parecer que lo más complicado es poner tu negocio en marcha, no te voy a negar que vas a tener que esforzarte, puede ser cansado, vas a tener muchos retos y seguramente vas a tener momentos buenos y malos, pero eso puede solucionarse con cierta facilidad, sin embargo lo que es màs dificil de cambiar y sortear es una cuestión de paradigma, es decir de la forma en que pensamos lo que implica emprender, ahí hay factores internos y externos que nos afectan: lo que pensamos, sentimos, lo que nos enseñaron, y lo que piensan y sienten los otros cercanos a nosotros.

Por ello el primer paso para pasar de Godínez a Emprendedor es vencer el miedo.

2.1. Los miedos por los que muchos pasamos

Hay muchos miedos que se juntan cuando hablamos del tránsito de ser Godínez a ser un Emprendedor, vamos a ver algunos miedos que yo tenía y que otros me han dicho, algunos que podrías tener y varios que otros te infunden, así como la forma de vencerlos para poder empezar nuestra transición como emprendedores.

No tendré un pago seguro. La "seguridad" que brinda un salario es a mi gusto el mayor miedo de los Godínez, su mayor barrera para crecer, generalmente es también la fuente de sus inevitables deudas y estas a la vez lo que los obliga a seguir esperando quincena tras quincena recibir su salario solo para pagarlo al banco o a la tienda departamental. En nuestro sistema capitalista todo está prediseñado, así que hay una gran coordinación entre el sueldo y la deuda, el sueldo y las compras, y el sueldo y tratar de liberar la frustración de ser Godínez con dosis de felicidad momentánea: los bares, restaurantes, juegos, reuniones, espectáculos, compras de "descuento", viajes y una serie de placeres para gastarlo.

Pero: ¿Cómo vencer algo para lo que estamos prácticamente programados?, con una nueva programación, no podemos simplemente acabar con los gastos programados, al menos no de inicio, sin embargo hay que entender que ser emprendedor no significa no tener un sueldo, significa estabilizar nuestros ingresos hasta que sean mucho mayores que los gastos recurrentes que tenemos, y esto lo vamos a hacer inicialmente sin dejar nuestro trabajo Godín, al menos hasta que superemos nuestros ingresos y gastos normales,. Esto es lo que aprenderás con este método para pasar de Godín a emprendedor, hacerlo sin arriesgar tu patrimonio y retomando tus pasiones.

No tengo tiempo. Esto más que un miedo es una de las excusas más comunes, todos creen que no es posible iniciar un negocio sin ocupar todo tu tiempo y hasta quedarse sin dormir para poder ganar dinero, sin embargo otro factor importante al decidir que negocio poner es exactamente verificar cuanto tiempo te va a ocupar como para que no afecte tu actual trabajo y si con el tiempo disponible puede crecer lo suficiente al menos para cubrir tu actual sueldo Godínez.

Más adelante te daré algunas ideas para que identifiques algunas ideas viables de negocio. Aún así muchos seguirán diciendo que no tienen tiempo, pero si tienen tiempo de ver Netflix, de ir a un bar, a un cine, o vivir horas en facebook, hay algunos pocos sacrificios que serán necesarios hacer y te puedo asegurar que no serán tantos, no lo será por mucho tiempo y valdrá totalmente la pena para dejar de ser Godínez.

No va a funcionar. La idea de que algo que no ha ni siquiera empezado va a fracasar es el miedo más derrotista que muchos tienen y por la que una gran cantidad de personas se mantienen toda su vida en un trabajo que odian, o en el mejor de los casos uno que solamente toleran.

La mejor forma de quitarnos este miedo es ir identificando nuestros pequeños triunfos en vez de estar pensando en el logro mayor que no hemos conseguido, por ahora el estar leyendo este libro es un gran triunfo, quiere decir que tienes un interés real por cambiar tu vida.

Ya posteriormente dar el primer paso e ir siguiendo cada paso que vayas avanzando es un triunfo que debes celebrar como tal; identificar tu negocio ideal, desarrollar un producto, empezar a promocionarlo, tu primera venta, cada pequeño paso es un triunfo del que puedes partir, si alguno no lo conseguiste simplemente regresa al que creas necesario y avanza nuevamente, cuando llegues al último paso no vas a verlo como una gran obra monumental imposible de conseguir.

No sé nada sobre negocios. Muchas personas tienen miedo a hacer negocios porque piensan que carecen de los conocimientos o de las habilidades básicas para tener un negocio, o incluso les han hecho creer que quien tiene un negocio exitoso obtuvo un don de nacimiento. La verdad es muy diferente, esta es una de esas cosas que se aprenden con la práctica y siguiendo los consejos de otros que ya hemos pasado por ese camino.

También hay quienes creen que no saben hacer nada que a otros les interese, es muy probable que no sea cierto, cualquier cosa que hayas aprendido es seguramente habrá otros que quieran aprenderlo, podrías enseñar a quienes lo necesiten o es posible que no quieran aprender a hacerlo, pero necesitan de algún servicio o producto que tú puedes ofrecerles.

Y si aún así no encuentras nada en tu base de conocimiento que crees que pueda servirte, siempre encontrarás alguna academia presencial o en línea que te lo enseñe o alguien dispuesto a enseñarte, porque te conocen y les importan, por dinero o incluso por un intercambio si hay algo que tú tienes y a ellos les interesa.

No soy lo suficientemente fuerte para hacerlo. Hay quienes me dicen que no son tan fuertes para soportar las presiones de tener un negocio propio y afrontar las responsabilidades que representa, pero soportan a sus jefes, a gente de otras áreas e incluso clientes. Toleran que organicen sus días y que cancelen sus planes para quedarse a resolver problemas incluso sin pagarles tiempo extra.

Si son tan fuertes para aguantar una vida Godínez seguramente lo son para tomar el control de su vida y sus metas financieras como Emprendedores.

No soy tan joven para emprender. No hay una edad para emprender, sé que en la vida Godínez de algunos de nuestros contextos es muy seguro que nos hayan traumado con el miedo a perder el trabajo y con algunas tonterìas como que después de cierta edad ya no hay nada que hacer, y hay una gran razón en ello, en algunos países como en México por ejemplo, nadie te va a dar trabajo, pero eso no significa que no puedas emprender.

La edad nos ha dado muchas herramientas, el conocimiento, las experiencias y los contactos que hemos adquirido màs que una desventaja son una ventaja muy importante que pueden llevarte a ser financieramente independiente.

No sé de qué poner un negocio. Algo que siempre causa miedo y confusión es sobre que empezar tu emprendimiento, usamos mucho tiempo valioso pensando, ideando sobre cual sería una inversión. No pienses tanto, te doy unos tips para ello.

Si ya existe es seguro que deja dinero, alguien más ya está ganando dinero con él, ese un buen parámetro para tomar en cuenta, pero lo más básicos es: primero pensar en lo que te gusta, que te apasiona y te hace feliz, un gran mito que nos han inculcado desde niños es pensar que no podemos vivir de lo que nos gusta, y por eso en vez de ser felices somos simplemente Godínez.

Jules Britt

A diferencia de lo que nos dijeron generalmente quien hace más dinero es porque hace algo que le gusta, así que piensa en esto para decidir, también puedes empezar con un negocio de algo que sabes hacer, será más fácil empezar, aunque no es un requisito, siempre puedes aprender algo nuevo.

Actualmente hay una gran base de información útil en internet, miles de blogs de negocios e ideas que puedes tomar de podcast, videos de youtube, libros digitales, cursos y demás herramientas digitales con las que puedes encontrar opciones sobre algún negocio que puedes emprender.

Más adelante te pondré algo más específico sobre el tipo de negocios con los que te recomiendo iniciar, recuerda que el objetivo de este libro para mi es ayudarte con una transición importante de ser un Godínez a ser Emprendedor, manteniendo al menos tus ingresos actuales y posteriormente des un salto y los multipliques por mucho más dinero.

Estos son algunos de los miedos más fuertes con los que me he encontrado, algunos que yo mismo tuve y que realmente cuando empiezas a dar los primeros pasos se van diluyendo.

No tengo dinero para emprender. Este pretexto es uno de los más clásicos para no poner un negocio y uno de los más fáciles para solventar cuando eres Godínez de corazón. Hay muchas formas, después detallo algunas un poco más pero pensemos, en algunos: préstamo de la empresa, generalmente muchas empresas le dan préstamos a sus empleados con tasas de interés nulas o muy bajas, otra forma es ir comprando poco a poco lo que necesitas para tu negocio, ¿pero dirás cómo es posible si no me queda dinero? Siempre hay algún gasto que podemos recortar, las cervezas después del trabajo, los chilaquiles del viernes, la salida al restaurante (aunque por un tiempo tengas que convertirte en ese Godínez que siempre juraste no ser: el que lleva toppers al trabajo), el café caro de la esquina, si esa semana ibas a gastar $500 o $1000 pesos, lo que sea que ibas a gastar de más, guárdalo y compra algo de ese valor que te servirá para tu negocio, si lo vas haciendo durante varias semanas te irás acercando mucho a emprender.

Considera otra gran opción la mayoría de los emprendedores no usan su dinero, los que realmente son buenos usan el dinero de otros, consiguen inversionistas y los principales deben de ser tus familiares, es tu primer emprendimiento, ¿si no puedes convencer a tus papás, a tus abuelos, un primo o hermano, como vas a crecer después y convencer a un inversionista especialista que tienes una idea de negocio y que va a funcionar?.

Formas de conseguir dinero son muchas, deja de usarlo como pretexto y sigue leyendo este programa hasta que logres ser un emprendedor.

2.2. Cambiar de paradigma

- **Tomar decisiones rápidas**

    Este será un eje para todo lo que sigue del libro, tengo la maestría en Mercadotecnia y todos los maestros y toda la teoría indica que hay que hacer planeación y una amplia investigación, planeación financiera, proyecciones y cuantos más documentos, resúmenes, modelos canvas, foda y demás cosas que tiene la literatura de la mercadotecnia y la administración de empresas para poder montar un emprendimiento.

Aclaro, no digo que no sirva, sólo que el mercado es tan rápido y cambiante que considero que hay mejores formas para lanzar un proyecto actualmente. Por ello hablo de un cambio de paradigma, tenemos que romper con el pensamiento que hace tan tortuosa la sola idea de emprender, no tenemos que tener toda esa cantidad de documentos para empezar un negocio exitoso.Mi perspectiva es clara, empieza a hacer negocio, haz los cambios y los documentos que requieras para mejorar, es seguro que en cualquier momento necesites un plan de mercadotecnia o de otro tipo para crecer.

Es muy importante superar el aplazamiento, el retraso de la toma de decisiones o lo que llaman procrastinación, que realmente es un mecanismo de defensa que usamos ante nuestro miedo a empezar un emprendimiento. Así que ahora, cada vez que estés trabajando en tu emprendimiento y te des cuenta de que estar tardando demasiado en tomar una decisión piensa en esto que te digo, sabrás que es parte de alguno de tus miedos, verifica los argumentos que te doy aquí para quitártelos y recuerda lo que quieres lograr emprendiendo, para empezar: dejar de ser Godínez, y después de eso decide ràpidamente con los pasos que te doy en este libro.

- **Planear la transición**

El que indique que trabajaremos sin una gran planeación no quiere decir que no estemos siguiendo un plan básico para hacer las cosas bien, así que haz a un lado el impulso que te dice que si quieres dejar de ser godínez mejor te abstengas porque es difícil, y también el que te dice que para ser un emprendedor debes dejar de ser Godinez ya, renunciar, gritar a tu jefe y dejarle el trabajo votado para que él batalle en sacarlo. La única forma ideal para hacer la transición es dejar tu trabajo sin perder dinero, sin deudas más grandes, sin sentirte inseguro, hagamos que tu transición sea un momento feliz y que esta felicidad se mantenga en el tiempo, es por ello que considero que esto no es un libro, si no un programa para alcanzar la libertad financiera y de tu tiempo, con la mayor felicidad.

Lo que necesitamos para empezar a planear la transición de Godínez a Emprendedor es determinar con qué porcentaje de tu ahorro cuentas (si lo tienes) para iniciar tu emprendimiento o en caso de que no tengas ahorro determinar que parte de tu sueldo puedes gastar cada quincena para comprar lo que necesitas para poner tu negocio. Si tienes un presupuesto muy limitado porque con lo que cuentas actualmente lo tienes apartado para múltiples deudas, debes considerar que el emprendimiento que hagas podría estar vinculado con servicios de lo que ya sabes hacer o con alimentos, la comida es muy barata de hacer y da muy buenas ganancias.

Como lo platicamos anteriormente no debes dejar tu trabajo hasta que al menos iguales tu sueldo actual, por lo que el negocio que elijas para hacer la transición debe de estar entre los que puedas hacer en tus horarios libres o asociarte con personas que te complementen (en habilidades, en tiempo y / o recursos). Igualmente es indispensable hacer negocios obvios, es decir aquellos que ya fueron probados por otras personas (como transición a la vida de emprendedor te recomendaría ir a cuestiones seguras, después podrás diversificar y hacer pruebas con ideas más arriesgadas).

Toma en cuenta estas primeras consideraciones, decídete a no tener miedo y da el primer paso.

CAPÍTULO 3. CREA TU NEGOCIO

Paso 1. Elige una idea de negocio. Objetivo de tiempo: 1 semana máximo si en este paso te atoras seguramente se volverá casi imposible elegir, estarás alargando el tiempo a propósito.

Tipos de negocios viables.

Previamente ya te daba algunos indicios de los negocios viables para una adecuada transición, ahora se trata de profundizar un poco al respecto.

El sector de eventos, la mayoría de los eventos sociales son en fin de semana, bodas, xv años, bautizos, aniversarios de boda e incluso de muerte. Yo mismo inicié con un negocio similar para dejar de ser Godínez, yo empecé con un negocio de mariposas vivas para liberar en eventos, este es un negocio de crianza que también ocupa tiempo entre semana, pero pude hacerlo ocupando un poco de tiempo en las noches y en las mañanas mientras seguía trabajando en el sector financiero.

Hay muchos negocios que hacer en esto de los eventos, como la comida; desde taquizas, guisados, mesas de dulces, tamales, tacos sudados, tostadas, mixiotes, paletas, desde tradicionales hasta las nuevas de moda con bebidas alcohólicas, mezcal, tequila, vino tinto, whiskey. Hay muchas variantes; mesas de cocteles, mesas de café, mesas de dulce, casinos de fantasía, juegos inflables, juegos de feria, decoracion y juego de fiestas temáticas, renta de rockolas y karaokes, cabinas de fotografía, fotógrafos, grabación con drones. Es un sector donde constantemente se está innovando y seguramente encontrarás algo interesante por emprender.

Venta de alimentos, la comida siempre es negocio, no es necesario que sea para el sector de eventos, de acuerdo a tu presupuesto puedes vender en tianguis, espacios públicos consiguiendo el permiso, locales comerciales y desde casa a domicilio con ventas en internet. Llegado el punto es algo que te diré cómo conseguir fácilmente con publicidad.

Vende a otros tu conocimiento, seguramente sabrás algo que otros no saben, desde cuestiones académicas como matemáticas, idiomas u oficios, incluso algo que haces actualmente en tu trabajo, no necesitas ser el mayor experto en la materia, siempre habrá alguien que sabe menos que tu y querrá aprender en fin de semana a hacerlo.

Da servicios de consultoría, si tienes servicios claros que dar a partir de tu conocimiento de trabajo o de tu formación académica puedes montar una empresa para asesorar a otros, recuerda que tal vez no sea tu mayor pasión, pero ya que logres ser independiente y dejar la vida Godínez el siguiente paso es diversificar y al hacerlo mi mejor recomendación es: ahora si elige tu pasión. Mientras tanto vamos por el mejor camino, el que nos alejara del lugar donde trabajamos.

Pon una empresa de bienes raíces o seguros, ¿suena complicado verdad? No lo es tanto, sólo es cuestión de aprender y hay muchos cursos baratos para ello, en línea y presenciales, podrìan pensar que no se de lo que hablo, pero empecé mi inmobiliaria y en menos de un año ya estaba obteniendo más de lo que obtuve en mi último empleo. Lo mismo pasa con los seguros, son difíciles de vender pero dan excelentes comisiones y puedes ver clientes en fin de semana para empezar, el asesoramiento patrimonial es un buen negocio.

Ligado a los servicios de consultoría hay una buena forma de hacerse independiente trabajando desde internet, con ventajas claras al no tener que hacer reuniones en persona, puedes darte de alta en las plataformas de Freelancer o Fiverr, prueba estas plataformas y cuida mucho el servicio al cliente y tu reputación seguramente muy ràpido superarás tus ingresos actuales.

Acércate al mundo de los infoproductos: cursos, manuales, libros digitales, fotos, audios, videos, plantillas, al hablar de infoproductos nos referimos a productos digitales que contienen información que resuelven un problema de un grupo de personas y que podemos vender. Éste tipo de negocio te lo recomiendo como emprendimiento inicial sólo si no te interesa dejar tu trabajo ràpidamente, ya que puede ir creciendo lentamente, pero tiene una ventaja sobre otros negocios: atrae ingresos pasivos, los creas una vez, si esta bien hecho y no caducan rápidamente te dejan dinero constante y permanentemente, tal vez no sea el emprendimiento ideal para dejar rápidamente la vida Godín, pero es ideal para diversificar y lograr.

Con base en estas opciones o algunas otra que se te ocurran haz una lista de ideas, al menos unas 10, si son más está excelente.

Parámetros para decidir

- Pasión o gustos

La mejor forma de iniciar un negocio es considerando lo que te apasiona, si aún no lo descubres o no encuentras algo con lo que puedes hacer negocio con tu pasión (generalmente existen negocios de todo y si buscas en google seguro encontrarás muchas opciones) puedes pensar en las cosas que te gustan y cómo hacer un negocio con ello.

- Conocimiento o experiencia

Toma como punto de partida lo que sabes, en lo que has trabajado, o algo que hayas aprendido y por lo que otros pagarían por tus servicios. Considera desde cosas manuales como un oficio que tengas, hasta tu formación universitaria o experiencia profesional. Muchas veces en tu trabajo haces cosas que no habías considerado que pueden ser de valor, cosas como reportes, estadísticas, inventario u organización. Hay muchas cosas viables que pueden volverse un negocio, piensa lo que haces o has hecho en trabajos anteriores, toma nota y después busca en internet negocios relacionados.

- Dinero ahorrado o que puedes gastar

Lo que tienes disponible de dinero es un parámetro a tomar en cuenta a la hora de decidir cual será el negocio viable para ti. En caso de que no lo tengas considera ahorrarlo o pedir prestado, no a un banco o a tu tarjeta de crédito, a un familiar o amigo, porque te sentirás más comprometido a regresar el dinero, porque no te van a cobrar intereses, y por la sencilla razón de que si logras convencer a alguien de invertir en tu negocio quiere decir que alguien cree en ti y que estás lo suficientemente motivado.

- Facilidad de acceso a herramientas

Siempre considera lo que tienes a mano, desde tu vehículo, algún espacio en casa que puedas ocupar, hasta herramientas, equipo que tengas en casa, desde tu computadora o tu celular y cualquier cosa que tengas tú o cualquiera de tu familia en tu cocina, zotehuela o donde sea, revisa bien y tal vez pueda sorprenderte lo que encuentres para hacer un negocio sin invertir mucho.

Con base en estos parámetros vuelve a revisar las ideas de tu lista y ve cuales son más viables, de acuerdo a tus gustos, a lo que sabes hacer, lo que puedes gastar de dinero y/o el acceso que tienes a las herramientas para empezarlo.

Recuerda que es importante pensar en todos estos factores, pero no tardar demasiado tiempo en ello. La mayoría de los negocios que he creado no he tardado más de unos días en aterrizar la idea de negocio, cuando tardamos más es porque tenemos alguno de los miedos que te mencioné al principio de este libro. Respira profundo y piensa en esto: ¿qué es lo peor que puede pasar si haces el negocio?, y ¿qué es lo que puedes lograr si funciona?. Lo que sea que pasará con tu negocio, lo mejor es que pase ahora, no en cinco, ni diez, ni en veinte años. Así que el tiempo ideal para hacer tu lista y decidir cuál será tu primer negocio es de una semana, no se trata de simplemente quitarte el miedo, si no de hacerlo a pesar del miedo, y hacerlo con el, pero hacerlo.

Paso 2.Materializa tu negocio, compra lo que necesitas para empezar. El objetivo de tiempo es lo que tardes en tener el recurso, un mes máximo si consigues inversión o un préstamo sería ideal

Esto empieza a sonar preocupante, ya que no siempre es fácil empezar a hacer gastos, sin embargo recuérdalo, esto es una inversión y muchas veces gastamos más comiendo en la calle, en unas vacaciones o cualquier capricho que se nos antoja darnos.

No necesitamos hacer la compra total en un sólo día de lo que necesitarás para tu negocio. Así como hacemos compras constantes en cosas que no necesitamos es posible ir comprando las cosas que necesita el negocio, puedes incluso destinar un porcentaje quincenal a comprar una parte de lo que necesitas.

Tal vez no sepas lo que requieres, así que, revisa en internet lo que necesitas o agarra a un mentor, yo inicie una inmobiliaria haciendo un intercambio de asesoría de mercadotecnia con el asesor inmobiliario que nos vendió nuestro primer departamento a mi esposa y a mi. Así que puedes acercarte a un empleado en una empresa de lo que te interesa hacer tu negocio, contratar su servicio para ver como lo hace o simplemente ir a ver como lo hace si es una actividad que está al acceso de cualquier comprador. Esto es la mejor forma de empezar a ver que cosas ocupan para el negocio,

Ya que hiciste esa lista de lo que necesitas más detallada, empieza a cotizar, acércate a fabricantes o mayoristas, ve a las zonas donde venden los distribuidores de tu localidad, en tiendas especializadas y compara en internet en las distintas plataformas de ventas en línea, incluso hay proveedores en otros países que podrían tener más económico lo que necesitas, verifica páginas como Alibaba, sólo considera los tiempos de entrega ya que son envíos internacionales y que no sean productos que se consideren de manejo especial o que paguen otros impuestos en tu país porque eso puede volverlos mucho más caros que hacer la compra localmente.

Ya con esto sólo queda ir comprando poco a poco las cosas o comprarlo todo en una sola exhibición, sea como puedas hacerlo, tener todo lo que necesitas en una lista y tener la cotización y saber el lugar dónde lo comprarás no debería de llevarte más de dos semanas.

En esto de poder comprar todo lo que necesitas, si no cuentas con el dinero que necesitas, tal vez no estés contemplando una opción muy importante, conseguir un préstamo de familiares y amigos para iniciar tu negocio siempre es la mejor opción, y es también un entrenamiento para un futuro emprendedor que será exitoso, ¿si no puedes conseguir un poco de dinero explicando tu idea a la gente que te estima y te conoce cómo podrás después conseguir una inversión mayor cuando quieras poner una empresa más grande?. Un préstamo familiar no tiene interés y puedes negociarlo a mayor plazo que un banco o establecer pagos quincenales con tu sueldo porque recuerda que en este programa lo importante es no dejar de golpe tu empleo, si no mantenerlo hasta que tu negocio sustituya tu sueldo y puedas dejar la vida Godínez, así que si tienes esta posibilidad aprovéchala.

CAPÍTULO 4. DEFINE TUS PRODUCTOS

Paso 3. Hacer un producto mínimo viable. Objetivo de tiempo: Dos semanas

Ya que tienes la idea de negocio, haz cotizado y comprado todo lo que necesitas, lo que sigue es hacer un producto mínimo viable, ¿a que se refiere este punto?, básicamente es la idea de que saquemos un primer producto básico que podamos vender.

Te pondré un ejemplo un poco burdo pero útil. Decidiste que vas a vender paletas para fiestas de niños, empiezas a pensar qué tipo de paletas vas a hacer, de qué tamaño, de qué diferentes sabores, formas, que complementos les darás como regalo o con costo extra, que precio les pondrás, cómo los vas a entregar o distribuir. La mejor forma de hacer un producto mínimo viable es enfocarse en el cliente más que en el producto, llevar tu idea a la gente y que ella te diga lo que realmente le gusta, el conocimiento necesario para iniciar un negocio exitoso está en el cliente no en los planes gigantes de negocio que muchos hacían y muchos siguen recomendando para iniciar un negocio, las necesidades del negocio han cambiado, el nivel de competencia es gigante y la velocidad de reacción debe de ser tan rápida que esta forma de hacerlo ahora es más útil para iniciar tu negocio.

Para que tu producto mínimo viable es necesario salir y hablar con la gente con quienes creas que son tus clientes para conocerlos y saber si tu idea de producto será funcional o es necesario hacer unos ajustes.

Ya que definiste todos los aspectos básicos de tu producto el siguiente paso es hacerlo realidad, entonces empieza a producir, haz tus primeras pruebas de producto o servicio y pruébalos, ve que cumplan con lo que buscabas crear en tu idea de negocio.

Paso 4. Lanzamiento de un producto. Objetivo de tiempo máximo dos semanas, no hay necesidad de alargar el tiempo si ya tienes un producto mínimo viable

Pon un nombre a tu emprendimiento

Todo emprendimiento requiere un nombre, hay varias formas para determinarlo, y antes de decirte algunas opciones te diré algo importante recuerda que trabajaremos en forma rápida, hay muchos que tardan meses en decidir su nombre y mandar hacer un logo, esto es un proceso que debe de durar máximo 3 días.

Toma como base lo que creas que sonaría bien para tu nombre o algo que sea evidente, ejemplo si venderás flores y ramos para novias puedes ponerle flores y bouquets, o flores y ramos. El mundo digital se ha vuelto tan importante que ya es fundamental al pensar un nombre tener abierto un buscador de dominios y escribir el nombre que buscas todo de corrido y con .com al final, algo así como floresyramos.com, siempre recomiendo el .com porque es el que más recuerdan las personas, pero también puedes usar otros como .com.mx, si estás en México o el que sea de tu región, pero siempre prefiere el .com únicamente, y cómpralo junto a tu hospedaje, generalmente viene gratis por un año el .com al comprar el hospedaje, te dejo mi liga de asociado para que lo cobres con un porcentaje de descuento: https://neubox.com/af/merkathink . Esto de comprar el hospedaje y dominio no te recomiendo que se lo dejes a quien te haga tu página web, a menos que te diga específicamente que estará a tu nombre tu dominio. El nombre o dominio es como una propiedad que no puedes dejar que esté en manos de alguien más.

Prelanzamiento

Antes de lanzar tu producto al mercado haz un breve prelanzamiento, invita a algunos familiares o amigos, sobre todo aquellos que sabes que serán sinceros si les preguntas si les ha gustado o no tu servicio o producto, qué le cambiarían, si está bien el empaque o la presentación, o en caso de que sea un servicio o algo que no puedas regalar de esta forma, regala a personas a quienes les podría ser útil, eso te ayudará a tener incluso referencias de tu servicio si todo sale bien.

Considera esta primera experiencia para modificar o mejorar desde la producción, hasta las variantes de sabor, tamaño, entrega y presentación o el mismo precio. Tampoco te agobies demasiado si no todo termina siendo lo más encantador posible o si no cuentas con equipo más sofisticado que haga mejor o más sofisticado tu producto, recuerda, es un producto mínimo viable, ya cuando estés ganando dinero suficiente para mejorarlo podrás hacerlo con más facilidad y entendimiento de lo que desean tus clientes.

Pasando esta etapa, no lo pienses más, empieza a vender.

Llega a tus clientes

Hay muchas formas de llegar a tus clientes, pero para llegar a ellos siempre debes de saber primero dónde están. Pongamos algunos ejemplos; si decidieron poner un negocio de inflables, mesas y sillas para fiestas es un negocio muy local, tal vez podrían ir muy lejos a brindar el servicio pero si lo hacen de manera local tendrá muchos beneficios como tiempo de llegada al lugar del evento, gasolina y que podrán dar más servicios sin tanto esfuerzo, entonces tus clientes están cerca de tu ubicación por lo que podemos usar desde algo muy sencillo para empezar, como una lona afuera de tu casa, hasta algunas cosas más complejas y que nos pueden ir generando una base de datos más permanente para dar servicios, como lo es una página de internet, una de facebook y publicidad en estos medios desde google adwords y facebook ads.

Y hay muchas otras herramientas que puedes usar dependiendo del tipo de negocio que manejes, sólo te enlistare algunas que pueden serte de utilidad porque no es objeto de este texto realmente profundizar en estas, en facebook hay una herramienta que puedes explotar desde tu perfil personal que se llama Marketplace, así como muchos grupos para vender desde la sección de grupos. También encontrarás diferentes plataformas de ventas, en México y otros países de latinoamérica tenemos MercadoLibre, Amazon, empieza a llegar Ebay, para cuestiones más artesanales, está Etsy, para ropa está Gotrendier, y así hay múltiples plataformas, algunas generales y otras más específicas dependiendo de lo que sea tu producto.

Además de las plataformas de venta directa donde subes tus productos y te los compran directamente, hay otras donde puedes subir información de tu marca y tus productos para que la gente te contacte y te empiecen a contratar, entre este otro tipo de espacios encontrarás en México algunos como segundamano.mx, vivaanuncios.com.mx, guiamexico.com.mx, chili.com.mx, hotfrog.com.mx, cylex.mx, además de servir para hacer ventas, si pones tu página web en estos directorios eso ayudará a que tu página web sea más visible y google la posicione mejor en las búsquedas de los posibles compradores, haciendo que más entren a tu sitio y compren tus productos.

Se que esta parte no es tan fácil, así que por un lado tienes la opción de ir aprendiendo a hacerlo o considerar pagar por ello, puedes buscar un proveedor, mis páginas son creadas por www.merkathink.com ya que manejan un precio muy adecuado, desde $2500 pesos mexicanos como pago único ya con campañas de google adwords y facebook ads listas para activar, o puedes preguntar con amigos o grupos de empresarios por una recomendación y ver cuál te conviene más, como sea que decidas hacerlo procura activar estas herramientas digitales lo más rápido posible.

Genera tus herramientas y ahora sí haz el lanzamiento de tus productos, recuerda que aunque siempre puede ser un poco atemorizante vender, puedes empezar por la gente que está en tu círculo cercano, familiares, amigos, vecinos, compañeros de la escuela de tus hijos si los tienes, compañeros del trabajo, hasta el tendero al que siempre le compras, incluso pídeles apoyo a los comerciantes locales a los que les compras para poner un anuncio en su local ofreciendo tus servicios, explora las diferentes formas de anunciar tus servicios o productos, desde las más simples y locales, hasta las digitales en internet y redes sociales.

Trata bien a tus clientes.

Procura anticiparte a lo que van a preguntar los clientes, para eso tienes la experiencia de lo que te han preguntado tus familiares, amigos o a quienes has consultado sobre tus servicios, siempre sé amable, contesta sinceramente, si algo no lo puedes proporcionar no lo ofrezcas, si no sabes algo diles que no estás seguro pero lo revisarás y les darás la respuesta a la brevedad, debes de ser un solucionador de problemas, así que siempre explora opciones cuándo un cliente tiene un argumento negativo para vender.

Haz un pequeño guión para contestar llamadas, para explicar a quienes quieran tu servicio o productos los beneficios, condiciones y precios, también haz uno para quienes te pidan información por whatsapp o messenger. Siempre se amigable, procura darle la vuelta a los problemas que la gente tiene, no ocultarlos, no mentirles, si no buscar darles la mejor solución y si no entiendes exactamente cuál es el problema que tiene, se claro, pregunta y entonces da más opciones.

Si estás vendiendo siempre pregunta a tus clientes qué les pareció lo que les vendiste y considera si es necesario hacer cambios en esta nueva etapa, si te vuelven a comprar o si te recomiendan también estarás seguro que tu negocio está listo para continuar y crecer, tu producto mínimo realmente es viable.

Consolida tu negocio

Si ya estás teniendo ventas constantes, va a ser momento de hacer lo que te dije que no te recomendaba hacer para empezar un negocio, es el momento para crecer y masificar tu negocio, es el momento de empezar a pensar en un plan de ventas, en buscar nuevos medios para vender tu producto, más variantes, más mercadotecnia y más publicidad.

En este libro no me corresponde documentar todo esto de como hacer planes de negocio, de mercadotecnia, de servicio y liderazgo entre otros temas que podrías estar interesado en mejorar de tu negocio, sin embargo hay muchos textos, videos y podcast disponibles en internet para esto. Lo único que te diré que es importante es crecer tu gama de productos, variantes si es posible, de acuerdo a la que los clientes te digan cuando compren y disfruten tus productos y servicios.

Este es un buen momento para buscar más ganancias, hacer un recuento de lo que has ganado y empezar a planear lo más importante de todo este proceso, tu transición de Godínez a emprendedor.

CAPÍTULO 5. HAZ TU SUEÑO REALIDAD

Paso 5. Inicia la transición. Sin objetivo de tiempo tú podrás ir midiendo tus nuevos ingresos y vías de crecimiento

Ahora que ya estás ganando dinero es momento para pensar en crecer tu negocio e iniciar más sólidamente a iniciar tu transición, aprovechar que aún tienes un sueldo para aumentar tus servicios, comprar más equipo si es necesario y ahorrar. En este punto también ya podrás empezar a medir cuánto estás logrando vender y que tanto te alcanza para sustituir tu salario o incluso que tantos gastos innecesarios estás haciendo y puedes reducir.

Empieza por comprar todo lo que necesites para consolidar tu negocio como te comentamos en el punto anterior, en este paso no te pondremos cuánto tiempo es lo recomendable porque el chiste es que entre lo que ahora ganas con tu negocio y lo que ganes de tu negocio veas si es posible que invirtiendo más tu negocio crezca. Realiza este punto ahora, y piensa que no estoy hablando de que juntes para comprar un camión para repartir o hacer 20 sucursales de tu empresa para poder dejar tu trabajo, me refiero a compras necesarias y rápidas.

Si tus nuevos ingresos ya han igualado a tu salario o al menos ya cubren tus gastos y consideras que incluso teniendo más tiempo podrías ganar más dinero con tu negocio, estás en el punto casi ideal para dejar tu antiguo trabajo, sin embargo te diré que no lo hagas aún, cuando sientas que ya estás listo, soporta aún al menos 3 meses más para ahorrar todo el dinero que puedas y planear completamente tu transición. Se que parece un tiempo largo, pero considera que tanto ustedes como yo queremos que esta transición sea permanente, no que te desesperes y estés rápidamente hurgando en las páginas de empleos.

¿Qué implica planear bien tu transición? Además de la parte económica hay algunos puntos que te recomendaría considerar en este tiempo que ya estás tomando más seguridad a partir de o que has logrado con tu nuevo emprendimiento, en este momento ya podemos hablar de ti como un emprendedor.

Así que es importante pensar en dos aspectos básicos: organización y diversificación

¿Por qué hablo de organización en este punto que ya va tu emprendimiento en marcha? Porque no es lo mismo organizarse de acuerdo a las necesidades que van surgiendo en tu negocio de fin de semana a sustituir todas tus actividades diarias por tu emprendimiento.

Suena extraño pero lo más complicado de todo esto es que tendrás demasiada libertad, lo cual es genial pero también tenemos que aprender a lidiar con ello, no es lo mismo tener jefes, tener horarios establecidos y tener espacios específicos para trabajar que no tenerlos, por absurdo que suene es necesario empezar a crear condiciones de trabajo adecuadas, no las mismas prácticas que te hacen querer abandonar la vida Godínez-

Organiza tus finanzas, de ser posible paga los créditos que tengas y mantén tus gastos al mínimo, gasta menos de lo que ganas, cubre por adelantado todo los costos fijos que tengas, paga un año de mantenimiento de tu casa por adelantado, o cualquier servicio que tengas. Deja de comer un tiempo en restaurantes, revisa un poco de educación personal financiera y ante todo te repito gasta menos de lo que ganas, y usa ese dinero para invertir y ya que esas inversiones se conviertan en pequeñas rentas, entonces empieza a darte una buena vida con ese dinero, es un sencillo cambio de mentalidad, si vas a gastar 15 mil pesos en un viaje invierte en un negocio y cuándo ese negocio te recupere los 15 mil pesos vete de vacaciones y todo lo que llegue después de ese momento será un dinero que nunca hubieras ganado si lo hubieras hecho al revés.

Simplemente te hablo de un espacio limpio y con lo que necesitas para realizar tu trabajo, puede ser un cuarto o una oficina virtual, que se renta por muy poco dinero y que tiene el beneficio de que puedes poner esa dirección como la de tu negocio en tus tarjetas de presentación, en tu página web y tus redes sociales, lo cual te dará más seriedad a tu marca.

Solucionado el tiempo del espacio piensa en tus horarios diarios, ya no serás un Godínez por lo que tu horario no es de 9 a 6 con horario flexible con lo cual estarás saliendo a las 8 de la noche o 9 si bien te va. Piensa en las necesidades de tu negocio y de tus clientes, así como en todo lo que ahora tendrás que hacer, tal vez al principio sea igual de demandante que tu vida Godínez, pero verás que pronto podrás ir integrando más espacios de diversión para hacer deporte o aprender nuevas cosas, lo cual nos lleva al siguiente punto que es muy importante; diversificar.

Si ya tienes un negocio es importante que pienses además de crecer tu negocio en algo que no todos consideran: diversificar, cuando yo empecé con mi primer negocio me di cuenta que tenía algunos períodos donde las ventas no eran tan buenas, entonces pensé en como solucionarlo y descubrí lo que otros emprendedores hacen para evitar estas rachas.

Lo que la mayoría hace es que pone otros negocios, ahora tienes más tiempo, tienes la seguridad que te da el pasar por un proceso de emprendimiento y ver que puedes ganar dinero sin depender de un patrón, tienes más energía porque no tienes el estrés que te genera tu vida en una empresa que te paga por tu tiempo y que te puede correr en cualquier momento, que no será tuya nunca, y que no te dejará el suficiente dinero para tener una vejez digna, ya no hablemos de un presente donde puedas disfrutar de tu vida. Así que ya con este nuevo panorama, pon otro negocio, comercializa algo que compres de mayoreo, haz cualquier cosa extra que sea un negocio y un ingreso adicional al de tu primer negocio, no te digo que necesariamente dejes tu trabajo actual hasta que ya tengas este nuevo negocio, pero al menos ya ten en mente cual será tu segundo negocio.

Paso 6. Deja la vida Godínez. Sin objetivo de tiempo, tú define el mejor momento

Ya tenemos las herramientas para dejar la vida Godínez, ya tenemos un ingreso similar, suficiente o incluso mayor al que teníamos antes, tenemos organización, estamos mejorando nuestro emprendimiento, creciendo el mismo e incluso mapeando nuevas ideas de negocio o ya llevándolas a cabo, entonces ya lo único que nos faltaría es el objetivo que queríamos lograr con este libro: dejar la vida Godínez.

¿Cuál es la mejor forma de dejar la vida Godínez?

La mejor recomendación es que dejen la vida Godínez manteniendo muy buenos amigos y muy buenas relaciones, ellos pueden ser sus clientes en un futuro.

Otro consejo que les daré es que intenten negociar su salida, e intenten conseguir una liquidación, es decir, siempre es mejor que te corran a renunciar, por la sencilla razón de que te van a pagar mucho menos si te sales por tu cuenta que si tu jefe te da las gracias. Lo ideal es hacerlo por las buenas, si tu jefe está agradecido por tu trabajo siempre es posible platicar y hablar de ese apoyo que siempre le has brindado y que ahora le pides su apoyo para irte a buscar tu sueño de ser independiente, ese es el mejor de los casos.

El otro que tal vez dirán muchos que no debería de recomendarte es que si tu jefe no es una persona a quien le importe la gente, como muchos de los jefes que abundan hoy en día será muy difícil venderle la idea de que te corra como apoyo, entonces un buen punto será empezar a hacer tu trabajo y nada más tu trabajo.

Hay países donde esto no tendrá sentido, pero en otros como lo es en México si tu te vas a tu hora de trabajo es mal visto, dicen que no te pones la camiseta, si no haces el trabajo del cuate, la novia o la amante del jefe, también ya hay problemas, suena feo, pero en estos casos es lo que recomiendo que hagas, haz tu trabajo y sal a tu hora, y en caso de que te digan que porque no estás siendo "solidario" con las necesidades del equipo es el momento adecuado de ser un poco irreverente de decirles que tú estás saliendo a tu hora y haciendo tu trabajo, que si no es suficiente para ello pueden correrte, muy probablemente van a tratar de cansarte, procura ser tú quien los canse para que te corran y obtengas tu liquidación y no un raquítico finiquito.

Ir liberándose de estas cargas extras que impone la vida no sólo logrará que muy probablemente te corran, mientras tanto estarás con un mayor tiempo disponible para ir aumentando tu negocio o haciendo tu negocio alterno con el que podrás diversificar tus ingresos.

Define tu salida

Ya sea que logres la liquidación o no, ve poniendo tiempos límite para salirte de tu trabajo, tu negocio irá exigiendo que le dediques más atención y los clientes pidiendo más servicios, y seguramente también estarás ansioso de tener más tiempo para hacerlo, para aprender más cosas de publicidad, mercadotecnia o de contratar a alguien para que lo haga y tu negocio tenga mejores resultados, así como aumentar tu producción y diversificación.

Haz tu salida triunfal y vive de ser un emprendedor, es un camino de constante aprendizaje, cuando pones el primero se empieza hacer fácil pensar en otros y pensar en unos más grandes, podrás darte el tiempo para ver cuales te dejarán más e incluso sustituir uno pequeño por otro más grande que te quite menos tiempo y te permita ir dejando a más gente a cargo de tus responsabilidades.

Te diría que casi te podrías retirar y llegar al punto de que tus negocios se manejen solos, pero la verdad es que el impulso te hará tener nuevas ideas y proyectos, al menos así me ha pasado a mi y ahora me ves también compartiendo mi experiencia y tratando de apoyar a otros a hacer lo que algún día me atreví a hacer.

Te dejo mi contacto por si tienes alguna duda, si te gustaría que aclare algún punto, haga más extensa la información de algún módulo o puedo ayudarte con algún consejo y más ideas de negocio de acuerdo a lo que tú sabes hacer o te gusta.

Considera que seguramente tendrás que aprender muchas cosas nuevas en todo este proceso, pero a diferencia de otros tiempos todo puedes encontrarlo en internet si no consigues un mentor, si no encuentras un libro es muy probable que haya videos de youtube, podcast y cursos online. Todo lo que necesites es muy seguro que esté a tu mano sólo es necesario que te decidas y recuerdes no procrastinar, el mejor momento de empezar es hoy mismo.

Te deseo mucha fuerza de decisión y excelentes emprendimientos, te mando la mejor de mis vibras para que pronto pases de Godínez a Emprendedor.

Puedes ponerte en contacto conmigo en el mail degodinezaemprendedor@gmail.com Jules Britt.

www.ingramcontent.com/pod-product-compliance
Lightning Source LLC
Chambersburg PA
CBHW070846220526
45466CB00002B/897